DATE DUE

Servidores Comunitarios

Bibliotecarios y bibliotecarias

Texto: Dee Ready
Traducción: Dr. Martín Luis Guzmán Ferrer
Revisión de la traducción: María Rebeca Cartes

Consultora de la traducción:
Dra. Isabel Schon, Directora
Centro para el Estudio de Libros
Infantiles y Juveniles en Español
California State University-San Marcos

Bridgestone Books
an imprint of Capstone Press
Mankato, Minnesota

Bridgestone Books are published by Capstone Press
818 North Willow Street, Mankato, Minnesota 56001
http://www.capstone-press.com

Library of Congress Cataloging-in-Publication Data
Ready, Dee.
    [Librarians. Spanish]
    Bibliotecarios y bibliotecarias / de Dee Ready; traducción de Martín Luis Guzmán Ferrer;
revisión de la traducción de María Rebeca Cartes.
      p. cm.—(Servidores comunitarios)
    Summary: Simple Spanish text explains the tools, schooling, and work of librarians.
    Includes bibliographical references and index.
    ISBN 1-56065-799-5
    1. Library science—United States—Juvenile literature. 2. Librarians—United States—Juvenile
literature. [1. Librarians. 2. Occupations. 3. Spanish language materials.] I. Title. II. Series.
Z665.5.R4318 1999
020'.973—dc21
                              98-21425
                               CIP
                               AC

Editorial Credits
Martha E. Hillman, translation project manager; Timothy Larson, editor; Timothy Halldin, cover
  designer; Michelle L. Norstad, photo researcher
Consultants
Kathleen Baxter, Supervisor of Youth Services, Anoka County (Minn.) Library
Gretchen Wronka, Youth Services Coordinator, Hennepin County (Minn.) Library
Photo Credits
International Stock/Ronn Maratea, cover, 10; George Ancona, 6
Maguire PhotoGraFX, 12
Unicorn Stock Photos/Jeff Greenberg, 4, 8, 16; Karen Holsinger Mullen, 14; Martha McBride, 18;
  Martin R. Jones, 20

Contenido

Para evitar una repetición constante, alternamos el uso del femenino y el masculino.

Bibliotecarios y bibliotecarias

Los bibliotecarios y las bibliotecarias usan las bibliotecas para ayudar a la gente a aprender. Una biblioteca es un lugar donde la gente puede encontrar información. La información se forma con hechos e ideas. Los bibliotecarios y las bibliotecarias ayudan a la gente a encontrar información en libros y computadoras.

Qué hacen las bibliotecarias

Las bibliotecarias enseñan a la gente a encontrar respuestas a sus preguntas. Las bibliotecarias buscan nuevos libros y otros materiales para la biblioteca. Los materiales son cosas como videos o periódicos. Las bibliotecarias también ayudan a la gente a encontrar libros para divertirse. Además, ellas les leen cuentos a grupos de personas.

Dónde trabajan los bibliotecarios

Los bibliotecarios trabajan en las bibliotecas. Las bibliotecas tienen estantes llenos de libros y periódicos. Las bibliotecas también tienen videos y materiales musicales. La gente puede pedir prestados estos materiales. Además, los bibliotecarios tienen computadoras para que la gente las use.

Diferentes tipos de bibliotecarias

Muchas bibliotecarias trabajan en las bibliotecas públicas o las bibliotecas de los colegios. Otras bibliotecarias trabajan en bibliotecas especiales. Estas bibliotecas pueden encontrarse en las oficinas de abogados o en los lugares de trabajo. También las hay en los hospitales y otros lugares.

Materiales de trabajo de los bibliotecarios

Los bibliotecarios usan catálogos de computadora. Estos catálogos contienen todo lo que hay en la biblioteca. Éstos le indican al bibliotecario dónde se encuentran los materiales de trabajo. Los bibliotecarios también usan las computadoras para encontrar otra información. Usan listas y mapas. Además, usan libros y otros materiales.

Bibliotecarias y comunidades

Algunas bibliotecarias trabajan en una biblioteca móvil. Una biblioteca móvil es una camioneta o camión especial. Contiene muchos de los materiales que se encuentran en las bibliotecas. Las bibliotecarias emplean la biblioteca móvil para ayudar a las personas que no pueden ir a la biblioteca. La gente puede pedir prestados los materiales de la biblioteca móvil.

Los bibliotecarios y la escuela

Las personas van a la universidad para ser bibliotecarios. La universidad es donde la gente estudia después de la secundaria. Ahí aprenden qué son las bibliotecas. Aprenden a encontrar la información. Algunos bibliotecarios van a la universidad hasta seis o más años.

Quiénes ayudan a las bibliotecarias

Los asistentes de biblioteca ayudan a las bibliotecarias. Ellos ayudan a las personas a encontrar los materiales que tiene la biblioteca. Registran los libros y otros materiales que se le prestan a la gente. Los asistentes también regresan los materiales a los estantes de la biblioteca. Además, reparan los libros muy usados.

Los bibliotecarios ayudan a la gente

Los bibliotecarios ayudan a la gente a aprender. Ayudan a la gente a encontrar información. Ayudan a la gente a encontrar respuestas a sus preguntas. Los bibliotecarios le ayudan a la gente a entender que el aprendizaje es divertido.

Manos a la obra: Organiza tu sesión de cuentos

Los bibliotecarios le leen cuentos a la gente. Leen los cuentos a grupos de gente en sesiones de cuentos.

Tú puedes organizar tu propia sesión de cuentos para tus amigos y familia.

1. Escoge un libro o varios libros que te gusten mucho. Léelos con cuidado y asegúrate que conoces las palabras.
2. Elige la hora para tu sesión de cuentos. Escoge el lugar para llevarla a cabo. La hora y lugar son tu decisión.
3. Pon sillas para que la gente pueda sentarse. También puedes pedirles que se sienten en cojines o mantas.
4. Invita a tus amigos y familia a que vengan a tu sesión de cuentos. Asegúrate que sepan la hora y fecha.
5. Pídeles a tus amigos y familia que se sienten. Léeles tus cuentos. Enséñales las ilustraciones de los libros durante tu lectura. Responde las preguntas que puedan hacer las personas.

Conoce las palabras

biblioteca—lugar donde la gente puede encontrar información

biblioteca móvil—camioneta o camión que contiene libros y otros medios

catálogo de computadoras—lista especial de todos los medios que contiene una biblioteca y dónde se encuentran

información—hechos e ideas

materiales—cosas como videos y periódicos

universidad—una escuela donde la gente estudia después de la secundaria

Más lecturas

Deedy, Carmen Agra. *The Library Dragon*. Atlanta: Peachtree Publishers, 1994.

Stewart, Sarah. *The Library.* New York: Farrar Straus Giroux, 1995.

Páginas de Internet

The Internet Public Library
http://ipl.sils.umich.edu/
Kids Web Digital Library
http://www.npac.syr.edu/textbook/kidsweb

Índice